Sandra Thomann
Fotos von Fabrice Besse

EINFACH *aus dem* OFEN

Schnelle AUFLAUF REZEPTE

Bassermann

INHALT

GNOCCHI

WEITERE AUFLAUFIDEEN

GRUNDZUTATEN FÜR DIE REZEPTE

PASTA

Damit die Pasta beim Garen im Ofen nicht unappetitlich zerkocht, sollten Sie für die folgenden Gerichte weder frische Pasta aus dem Kühlregal noch hausgemachte Nudeln oder Instantnudeln verwenden, sondern traditionelle getrocknete Hartweizenpasta. Bestens geeignet sind kurze Formen mit einer Kochzeit von 6 bis 12 Minuten wie Penne, Fusilli, Farfalle und Co. oder kleine Pasta vom Orzo-Typ (griechische Kritharaki oder italienische Risoni). Lange Pasta wie Spaghetti oder Bandnudeln sollten Sie nicht verwenden, da sie schnell zusammenklumpen können, wenn sie nicht regelmäßig umgerührt werden. Das würde den großen Vorteil der Gerichte aus diesem Buch zunichtemachen, nämlich dass sie im Ofen vor sich hin garen und man keinen Finger mehr rühren muss.

REIS

Wie bei Pasta gilt auch hier: Verwenden Sie keinen Schnellkochreis oder Parboiled-Reis in Beuteln, da beide Sorten bereits vorgegart sind und in den Gerichten zu Brei verkochen würden. Greifen Sie stattdessen zu losem Reis, zum Beispiel duftendem Basmati- oder Thai-Reis mit einer Garzeit von 10 bis 15 Minuten. Abzuraten ist von Natur-/Vollkornreis und Wildreis, deren Garzeiten wesentlich länger sind und deshalb nicht innerhalb der angegebenen Garzeit in den Rezepten fertig ist.

ANDERE PASTA

Es muss nicht immer Hartweizenpasta sein! Sie können die Gerichte auch mit anderen getrockneten Nudeln, wie Buchweizen- oder Linsennudeln zubereiten. An den Garzeiten ändert sich nichts. Wichtig ist nur, dass es sich um kurze Formen handelt, damit sie zum richtigen Zeitpunkt gar sind.

GNOCCHI

Für die Rezepte in diesem Buch eignen sich Gnocchi aus der Frischeabteilung von Supermärkten und Discountern, egal ob von namhaften Herstellern oder Eigenmarken. Treffen Sie Ihre Wahl nach Ihrem Geschmack! Vermeiden sollten Sie selbst zubereitete frische Gnocchi, die vermutlich verkleben oder auseinanderfallen würden.

GETREIDE

Die Rezepte werden mit vorgekochtem Weizen zubereitet, den Sie in gut sortierten Supermärkten oder auch Drogeriemärkten finden. Dazu zählen zum Beispiel Ebly oder grober Bulgur. Die Garzeit des vorgekochten Weizens oder eines anderen Getreides sollte mit etwa 10 Minuten angegeben sein. Verwenden Sie keinen rohen Weizen, Grünkern oder ähnliches; diese Sorten würden in den Rezepten allenfalls halbgar, da sie eine wesentlich längere Garzeit (ca. 30 Minuten) und mehr Flüssigkeit benötigen.

BRÜHE

In vielen Rezepten werden Brühwürfel zum Würzen der Garflüssigkeit in die Zutatenmischung gekrümelt. Auch hier haben Sie die freie Wahl zwischen Hühner-, Rinder- oder Gemüsebrühwürfel; verwenden Sie, was Sie zur Verfügung haben oder Ihnen am besten schmeckt. Wenn Sie nur lose Instantbrühe im Haus haben, gilt: 1 Brühwürfel entspricht 1 gestrichenem Esslöffel Pulver. Rezepte mit Instantbrühe müssen nicht mehr oder nur kaum gesalzen werden, da die Brühe schon salzig genug ist!

GEWÜRZE

Verwenden Sie verschiedenste Gewürze und getrocknete Kräuter, um Ihre Gerichte aufzupeppen. Sie sind jedoch nicht zwingend erforderlich und können ganz nach Ihrem Geschmack dosiert und variiert werden. Werden Sie kreativ und verwenden Sie, was in Ihrem Gewürzregal steht.

Die Piktogramme

in den Rezepten geben an, ob das Rezept mit Fleisch, Fisch oder vegetarisch ist.

KÄSE

Käse sorgt in vielen der Rezepte für Geschmack, Aroma und eine cremige Textur und wird auch eingesetzt, um die Zutaten zu binden. Alle verwendeten Sorten sind im Kühlregal bzw. an der Käsetheke von gut sortierten Supermärkten erhältlich. Wenn geriebener Käse verlangt wird, können Sie auf abgepackten Reibekäse zurückgreifen oder den entsprechenden Käse frisch reiben. Wenn Sie einen anderen Käse verwenden wollen, achten Sie darauf, dass er ein ähnliches Schmelzverhalten wie die angegebene Sorte hat.

PENNE

mit Hähnchen, Blumenkohl & Ziegenkäse

FÜR 4 PERSONEN • VORBEREITEN 15 MIN. • GAREN 40 MIN.

400 g Hähnchenbrustfilet • 200 g vorgegarter oder TK-Blumenkohl • 250 g Penne • 35 g Weizenmehl • 500 ml Milch • 375 ml Wasser • 1 Gemüsebrühwürfel • Salz und Pfeffer • 200 g Ziegenfrischkäse (1 Rolle) • grob gehackte Walnusskerne

1. Den Backofen auf 190 °C (Umluft) vorheizen. Das Hähnchenfleisch würfeln. TK-Blumenkohl zum Antauen kurz unter heißes Wasser halten und bei Bedarf wie vorgegarten Blumenkohl in mundgerechte Stücke schneiden.

2. Die Pasta in eine Auflaufform geben und mit dem Weizenmehl bestäuben. Milch und Wasser zugießen. Den Brühwürfel darüberkrümeln und alles sorgfältig vermengen. Hähnchenfleisch und Blumenkohl auf der Pasta verteilen und mit etwas Salz und Pfeffer bestreuen.

3. Mit Alufolie abdecken und im vorgeheizten Ofen 20 Minuten garen. In der Zwischenzeit den Ziegenkäse in Scheiben schneiden.

4. Die Alufolie entfernen und die Ziegenkäsescheiben auf der Pasta verteilen. Ohne Abdeckung weitere 20 Minuten garen.

DAS GEWISSE EXTRA!

Garnieren Sie den Auflauf vor dem Servieren mit grob gehackten Walnüssen.

CREMIGE FUSILLI
mit Hähnchen & Brokkoli

FÜR 4 PERSONEN • VORBEREITEN 10 MIN. • GAREN 40 MIN.

400 g Hähnchenbrustfilet • 200 g vorgegarter oder TK-Brokkoli • 250 g Fusilli • 35 g Weizenmehl • 500 ml Milch • 375 ml Wasser • 1 Gemüsebrühwürfel • Salz und Pfeffer • 150 g geriebener Auflaufkäse

1. Den Backofen auf 190 °C (Umluft) vorheizen. Das Hähnchenfleisch würfeln. TK-Brokkoli zum Antauen kurz unter heißes Wasser halten und bei Bedarf wie vorgegarten Brokkoli in mundgerechte Stücke schneiden.

2. Die Pasta in eine Auflaufform geben und mit dem Weizenmehl bestäuben. Milch und Wasser zugießen. Den Brühwürfel darüberkrümeln und alles sorgfältig vermengen. Hähnchenfleisch und Brokkoli auf der Pasta verteilen. Großzügig salzen und pfeffern.

3. Mit Alufolie abdecken und im vorgeheizten Ofen 20 Minuten garen.

4. Die Alufolie entfernen. Den geriebenen Käse auf der Pasta verteilen. Ohne Abdeckung weitere 20 Minuten garen.

MAC
& Cheese

FÜR 4 PERSONEN • VORBEREITEN 10 MIN. • GAREN 40 MIN.

350 g Makkaroni • 35 g Weizenmehl • 500 ml Milch • 400 ml Wasser • 1 EL getrocknete Zwiebeln • 1 TL Knoblauchpulver • 200 g Speckstreifen • Salz und Pfeffer • 100 g geriebener Cheddar • 100 g geriebener Mozzarella • 50 g geriebener Parmesan • 3 EL Semmelbrösel

1. Den Backofen auf 190 °C (Umluft) vorheizen.
2. Die Makkaroni in eine Auflaufform geben und mit dem Weizenmehl bestäuben. Milch, Wasser, Zwiebeln und Knoblauchpulver dazugeben und alles sorgfältig vermengen. Die Speckstreifen auf der Pasta verteilen. Leicht salzen und pfeffern.
3. Mit Alufolie abdecken und im vorgeheizten Ofen 20 Minuten garen.
4. Die Alufolie entfernen. Alle drei Käsesorten unter die Pasta mischen. Mit den Semmelbröseln bestreuen und ohne Abdeckung weitere 20 Minuten garen.

ORECCHIETTE
mit Lachs & Knoblauchbutter

FÜR 4 PERSONEN • VORBEREITEN 15 MIN. • GAREN 35 MIN.

Olivenöl • 300 g Orecchiette • 200 g Sahne • 300 ml Wasser • Salz und Pfeffer • 2 Knoblauchzehen • 60 g weiche Butter • 1 TL getrocknete Kräuter der Provence • 4 Lachsfilets ohne Haut • 100 g Babyspinat • frische Dillspitzen

1 Den Backofen auf 180 °C (Umluft) vorheizen.

2 Etwas Olivenöl in eine Auflaufform träufeln. Die Pasta dazugeben, dann Sahne und Wasser zugießen. Salzen und pfeffern und alles sorgfältig vermengen.

3 Mit Alufolie abdecken und im vorgeheizten Ofen 15 Minuten garen.

4 In der Zwischenzeit die Knoblauchzehen abziehen. Den Knoblauch auf die Butter pressen und zusammen mit den Kräutern der Provence mit einer Gabel unter die Butter ziehen.

5 Die Alufolie entfernen und die Pasta sorgfältig mischen. Den Spinat waschen, darüber verteilen und die Lachsfilets darauflegen. Salzen und pfeffern. Die Knoblauchbutter auf den Lachsfilets verstreichen. Ohne Abdeckung weitere 20 Minuten garen.

DAS GEWISSE EXTRA!

Garnieren Sie die Lachsfilets vor dem Servieren mit frischen Dillspitzen.

PENNE

mit Tomaten & Pesto

FÜR 4 PERSONEN • VORBEREITEN 5 MIN. • GAREN 40 MIN.

Olivenöl • 350 g Penne • 250 g Cocktailtomaten • 200 g Sahne • 1 Glas grünes Basilikum-Pesto (ca. 200 g) • Salz und Pfeffer • 300 ml Wasser • 100 g Mozzarella • frische Basilikumblätter

1 Den Backofen auf 180 °C (Umluft) vorheizen.

2 Etwas Olivenöl in eine Auflaufform träufeln. Pasta, gewaschene Cocktailtomaten, Sahne und Pesto hineingeben. Die Hälfte des Wassers ins Pesto-Glas gießen und dieses mit dem übrigen Wasser über die Pasta-Mischung geben. Alles sorgfältig vermengen. Leicht salzen und pfeffern.

3 Mit Alufolie abdecken und im vorgeheizten Ofen 20 Minuten garen. In der Zwischenzeit den Mozzarella in Scheiben schneiden.

4 Die Alufolie entfernen und den Mozzarella auf der Pasta verteilen. Ohne Abdeckung weitere 20 Minuten garen.

DAS GEWISSE EXTRA!

Garnieren Sie das Gericht vor dem Servieren mit grob gehacktem frischem Basilikum!

RIGATONI
mit Ricotta, Zucchini & Zitrone

FÜR 4 PERSONEN • VORBEREITEN 10 MIN. • GAREN 40 MIN.

2 Zucchini • 1 Bio-Zitrone • 350 g Rigatoni • 200 g Sahne • 400 ml Wasser • 1 Gemüsebrühwürfel • 250 g Ricotta • Salz und Pfeffer • 1 EL Pinienkerne

1. Den Backofen auf 190 °C (Umluft) vorheizen. Die Zucchini waschen und in 1 cm große Würfel schneiden. Die Schale der Zitrone fein abreiben und den Saft auspressen.

2. Pasta, Zucchini, Sahne, Wasser und Zitronensaft in eine Auflaufform geben. Den Brühwürfel darüberkrümeln und alles sorgfältig vermengen.

3. Die Zutaten etwas zur Seite schieben und den ganzen Ricotta in die Mitte der Form setzen. Den Ricotta mit dem Zitronenabrieb bestreuen und mit Salz und Pfeffer würzen.

4. Mit Alufolie abdecken und im vorgeheizten Ofen 20 Minuten garen. Dann die Alufolie entfernen und weitere 20 Minuten garen.

DAS GEWISSE EXTRA!

Für einen angenehm nussigen Biss bestreuen Sie die Pasta vor dem Servieren mit leicht gerösteten Pinienkernen!

RIGATONI *mit Tomaten & Champignons*

FÜR 4 PERSONEN • VORBEREITEN 10 MIN. • GAREN 40 MIN.

1 rote Paprikaschote • 250 g Champignons • 350 g Rigatoni • 400 g gehackte Tomaten (1 Dose) • 300 ml Wasser • 1 Gemüsebrühwürfel • Salz und Pfeffer • 50 g geriebener Parmesan

1 Den Backofen auf 190 °C (Umluft) vorheizen. Die Paprika waschen, entkernen und in Streifen schneiden. Die Champignons mit Küchenpapier abwischen und in Scheiben schneiden.

2 Pasta, Paprika, Champignons, Tomaten und Wasser in eine Auflaufform geben. Den Brühwürfel darüberkrümeln. Salzen und pfeffern. Die Zutaten sorgfältig vermengen.

3 Mit Alufolie abdecken und im vorgeheizten Ofen 20 Minuten garen.

4 Die Alufolie entfernen. Die Pasta mit dem Parmesan bestreuen und ohne Abdeckung weitere 20 Minuten garen.

FARFALLE
nach griechischer Art

FÜR 4 PERSONEN • VORBEREITEN 10 MIN. • GAREN 40 MIN.

1 Zucchini • 1 kleines Glas Artischockenherzen (ca. 120 g) • 1 rote Zwiebel • 350 g Farfalle • 400 g gehackte Tomaten (1 Dose) • 500 ml Wasser • Salz und Pfeffer • 200 g Feta • 1 TL getrocknete Minze • Olivenöl • ca. 20 schwarze Oliven

1. Den Backofen auf 190 °C (Umluft) vorheizen. Die Zucchini waschen und in kleine Würfel schneiden. Die Artischockenherzen abtropfen lassen und in Stücke schneiden. Die Zwiebel abziehen und hacken.

2. Pasta, Zucchini, Artischocken, Zwiebeln, Tomaten und Wasser in eine Auflaufform geben. Salzen und pfeffern. Die Zutaten sorgfältig vermengen.

3. Die Zutaten etwas zur Seite schieben und den ganzen Feta in die Mitte der Form legen. Mit Pfeffer und Minze würzen und mit etwas Olivenöl beträufeln.

4. Mit Alufolie abdecken und im vorgeheizten Ofen 20 Minuten garen.

5. Die Alufolie entfernen und die Pasta weitere 20 Minuten garen, dann sorgfältig vermengen.

DAS GEWISSE EXTRA!

Garnieren Sie das Gericht vor dem Servieren mit ganzen oder in Ringe geschnittenen schwarzen Oliven!

REIS MIT HÄHNCHEN
in Teriyaki-Sauce

FÜR 4 PERSONEN • VORBEREITEN 15 MIN. • GAREN 25 MIN. • RUHEN 10 MIN.

4 Hähnchenbrustfilets • 200 ml Teriyaki-Sauce • 1 Bund grüner Spargel • 1 rote Zwiebel • 2 Knoblauchzehen • Sesamöl • 200 g Zuckererbsen • 1 TL gemahlener Ingwer • Salz und Pfeffer • 300 g Basmatireis • 600 ml kochendes Wasser • Sesamkörner

1 Den Backofen auf 220 °C (Umluft) vorheizen.

2 Das Fleisch in etwa 3 cm große Würfel schneiden, in eine Schüssel geben und sorgfältig mit der Teriyaki-Sauce mischen. Den Spargel waschen, putzen und in 3 cm große Stücke schneiden. Die Zwiebel abziehen, halbieren und quer in Scheiben schneiden. Die Knoblauchzehen abziehen und halbieren.

3 Etwas Sesamöl in eine Auflaufform träufeln. Spargel, gewaschene Zuckererbsen und Zwiebel hineingeben. Mit dem Ingwer bestäuben und den Knoblauch darüberpressen. Salzen und pfeffern. Die Zutaten sorgfältig vermengen. Den Reis darauf verteilen und das Wasser zugießen. Die Hähnchenwürfel samt Marinade darauflegen.

4 Mit Alufolie abdecken und im vorgeheizten Ofen 25 Minuten garen. Den Reis aus dem Ofen nehmen und zugedeckt 10 Minuten ruhen lassen. Vor dem Servieren vermengen.

DAS GEWISSE EXTRA!

Bestreuen Sie den Reis vor dem Servieren mit leicht geröstetem Sesam.

REIS
nach Hawaii-Art

FÜR 4 PERSONEN • VORBEREITEN 5 MIN. • GAREN 25 MIN. • RUHEN 10 MIN.

Olivenöl • 200 g TK-Erbsen • 100 g abgetropfter Zuckermais aus der Dose • 150 g Schinken, gewürfelt • 1 Knoblauchzehe • 300 g Basmatireis • 1 TL Kurkuma • Salz und Pfeffer • 600 ml kochendes Wasser • 1 Dose Ananasringe im eigenen Saft (135 g Abtropfgewicht) • frischer Schnittlauch

1. Den Backofen auf 220 °C (Umluft) vorheizen.

2. Etwas Olivenöl in eine Auflaufform träufeln. Erbsen, Mais und Schinken hineingeben. Den Knoblauch abziehen und darüberpressen. Die Zutaten sorgfältig vermengen. Den Reis darauf verteilen und mit Kurkuma bestäuben. Großzügig salzen und pfeffern. Das Wasser zugießen.

3. Mit Alufolie abdecken und im vorgeheizten Ofen 25 Minuten garen.

4. Den Reis aus dem Ofen nehmen und zugedeckt 10 Minuten ruhen lassen. In der Zwischenzeit die Ananas in Stücke schneiden und direkt vor dem Servieren unter den Reis heben.

DAS GEWISSE EXTRA!

Garnieren Sie den Reis vor dem Servieren mit frischen Schnittlauchröllchen.

REIS
nach kubanischer Art

FÜR 4 PERSONEN • VORBEREITEN 10 MIN. • GAREN 30 MIN.

1 rote Paprikaschote • 2 Tomaten • 1 rote Zwiebel • 100 g abgetropfte Kidneybohnen aus der Dose • Olivenöl • 200 g Hähnchenfleisch, gewürfelt • 300 g Basmatireis • 1 Prise Cayennepfeffer • Salz und Pfeffer • 600 ml kochendes Wasser • 1 Mozzarella • 2 Avocados • 1 Limette

1. Den Backofen auf 220 °C (Umluft) vorheizen. Die Paprika waschen, entkernen und würfeln. Die Tomaten waschen und in Würfel schneiden. Die rote Zwiebel abziehen und hacken. Die Kidneybohnen abspülen.

2. Etwas Olivenöl in eine Auflaufform träufeln. Hähnchen, Paprika, Tomaten, Bohnen und Zwiebel hineingeben und sorgfältig vermengen. Den Reis darauf verteilen und mit Cayennepfeffer würzen. Großzügig salzen und pfeffern. Das Wasser darübergießen.

3. Mit Alufolie abdecken und im vorgeheizten Ofen 25 Minuten garen. In der Zwischenzeit den Mozzarella in Scheiben schneiden.

4. Die Alufolie entfernen und die Mozzarellascheiben auf dem Reis verteilen. Ohne Abdeckung weitere 5 Minuten garen, bis der Käse geschmolzen ist.

DAS GEWISSE EXTRA!

Garnieren Sie den Reis dem Servieren mit in Scheiben geschnittenen Avocados und einem Spritzer Limettensaft.

REIS
mit Garnelen

FÜR 4 PERSONEN • VORBEREITEN 10 MIN. • GAREN 25 MIN. • RUHEN 10 MIN.

2 Karotten • 1 Zwiebel • 3 Knoblauchzehen • Olivenöl • 150 g TK-Erbsen • 300 g ausgelöste TK-Garnelen, aufgetaut • 300 g Basmatireis • 1 TL gemahlener Ingwer • Salz und Pfeffer • 600 ml kochendes Wasser • 1 EL Sesamkörner

1. Den Backofen auf 220 °C (Umluft) vorheizen. Die Karotten schälen und in kleine Würfel schneiden. Die Zwiebel abziehen und fein hacken. Die Knoblauchzehen abziehen.

2. Etwas Olivenöl in eine Auflaufform träufeln. Erbsen, Karotten, Garnelen und Zwiebeln hineingeben und den Knoblauch darüberpressen. Die Zutaten sorgfältig vermengen. Den Reis darauf verteilen. Mit dem Ingwer bestäuben. Großzügig salzen und pfeffern. Das Wasser zugießen.

3. Mit Alufolie abdecken und im vorgeheizten Ofen 25 Minuten garen.

4. Den Reis aus dem Ofen nehmen und zugedeckt 10 Minuten ruhen lassen. Vor dem Servieren vermengen.

DAS GEWISSE EXTRA!

Garnieren Sie den Reis vor dem Servieren mit leicht geröstetem Sesam.

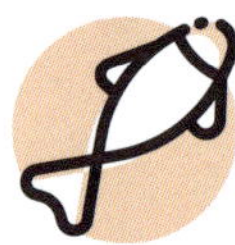

OFENREIS
nach Paella-Art

FÜR 4 PERSONEN • VORBEREITEN 10 MIN. • GAREN 25 MIN. • RUHEN 10 MIN.

1 rote Zwiebel • 1 rote Paprikaschote • 1 milde Chorizo • Olivenöl • 100 g TK-Erbsen • 200 g ausgelöste TK-Garnelen, aufgetaut • 300 g Basmatireis • 1 TL Kurkuma • Salz und Pfeffer • 600 ml kochendes Wasser • glatte Petersilie

1 Den Backofen auf 220 °C (Umluft) vorheizen. Die Zwiebel abziehen und grob hacken. Die Paprikaschote waschen, entkernen und in Streifen schneiden. Die Chorizo häuten und würfeln.

2 Etwas Olivenöl in eine Auflaufform träufeln. Erbsen, Paprika, Zwiebeln, Garnelen und Chorizo hineingeben und alles sorgfältig vermengen. Den Reis darauf verteilen und alles mit Kurkuma bestäuben. Großzügig salzen und pfeffern. Das Wasser zugießen.

3 Mit Alufolie abdecken und im vorgeheizten Ofen 25 Minuten garen.

4 Den Reis aus dem Ofen nehmen und zugedeckt 10 Minuten ruhen lassen. Vor dem Servieren umrühren und den Auflauf mit gehackter glatter Petersilie garnieren.

REIS
mit Zucchini & Ei

FÜR 4 PERSONEN • VORBEREITEN 15 MIN. • GAREN 30 MIN.

2 kleine Zucchini • 2 Karotten • 1 Zwiebel • Sesamöl • 300 g Basmatireis • 2 EL Sojasauce • 600 ml kochendes Wasser • 4 Eier • Koriandergrün

1. Den Backofen auf 220 °C (Umluft) vorheizen. Die Zucchini waschen und in Scheiben schneiden. Die Karotten schälen und raspeln. Die Zwiebel abziehen und fein hacken.
2. Etwas Sesamöl in eine Auflaufform träufeln. Das Gemüse hineingeben und sorgfältig vermengen. Den Reis darauf verteilen und mit der Sojasauce beträufeln. Das Wasser zugießen.
3. Mit Alufolie abdecken und im vorgeheizten Ofen 25 Minuten garen.
4. Die Alufolie entfernen. Vier Mulden in den Reis drücken. Die Eier aufschlagen und in die Mulden geben. Ohne Abdeckung weitere 5 Minuten garen, bis die Eier gestockt sind.

DAS GEWISSE EXTRA!

Garnieren Sie den Reis vor dem Servieren mit frisch gehacktem Koriandergrün.

REIS
mit Tomaten & Oliven

FÜR 4 PERSONEN • VORBEREITEN 10 MIN. • GAREN 25 MIN. • RUHEN 10 MIN.

1 kleines Glas getrocknete Tomaten in Öl (ca. 200 g) • 50 g entsteinte schwarze Oliven • 300 g Basmatireis • Salz und Pfeffer • 2 Zweige frischer Thymian • 600 ml kochendes Wasser • 200 g Feta

1 Den Backofen auf 220 °C (Umluft) vorheizen. Die Tomaten abtropfen lassen, das Öl auffangen und die Tomaten in Streifen schneiden. Die Oliven nach Belieben in Ringe schneiden oder ganz lassen.

2 Tomaten und Oliven in eine Auflaufform geben. Etwas von dem aufgefangenen Öl darüberträufeln und alles sorgfältig vermengen. Den Reis darauf verteilen. Salzen und pfeffern. Den Thymian darauflegen. Mit etwas Tomatenöl beträufeln. Das Wasser zugießen.

3 Mit Alufolie abdecken und im vorgeheizten Ofen 25 Minuten garen.

4 Den Reis aus dem Ofen nehmen und zugedeckt 10 Minuten ruhen lassen. Die Alufolie entfernen. Den Feta über den Reis krümeln und untermischen. Sofort servieren.

REIS
mit Tomaten & Feta

FÜR 4 PERSONEN • VORBEREITEN 5 MIN. • GAREN 35 MIN.

3 Knoblauchzehen • Olivenöl • 300 g Basmatireis • 200 g Feta • 350 g Cocktailtomaten • Salz und Pfeffer • 1 TL getrockneter Oregano • 400 ml Hühnerbrühe • glatte Petersilie

1. Den Backofen auf 200 °C (Umluft) vorheizen. Die Knoblauchzehen abziehen.

2. Etwas Olivenöl in eine Auflaufform träufeln. Den Reis darin verteilen. Den ganzen Feta in der Mitte auf den Reis legen. Die Cocktailtomaten waschen und ringsum anordnen.

3. Den Knoblauch über den Feta pressen, leicht salzen, pfeffern und mit dem Oregano würzen. Die Brühe zugießen.

4. Im vorgeheizten Ofen 35 Minuten garen. Vor dem Servieren den Reis vermengen.

DAS GEWISSE EXTRA!

Bestreuen Sie den Reis vor dem Servieren mit gehackter glatter Petersilie.

GNOCCHI
mit Wurst & Champignons

FÜR 4 PERSONEN • VORBEREITEN 10 MIN. • GAREN 25 MIN.

250 g Champignons • 3 Zervelatwürste • 2 Schalotten • Olivenöl • 600 g frische Gnocchi (Kühlregal) • etwas getrocknete Zwiebeln, Knoblauchpulver und Kräuter der Provence • Salz und Pfeffer • 80 g geriebener Parmesan • glatte Petersilie

1 Den Backofen auf 180 °C (Umluft) vorheizen. Die Champignons abwischen und in Scheiben schneiden. Die Würste ebenfalls in Scheiben schneiden. Die Schalotten abziehen und hacken.

2 Etwas Olivenöl in eine Auflaufform träufeln. Gnocchi, Wurstscheiben, Schalotten und Champignons hineingeben und sorgfältig vermengen. Mit getrockneten Zwiebeln, Knoblauchpulver, Kräuter der Provence, Salz und Pfeffer würzen.

3 Im vorgeheizten Ofen 25 Minuten garen.

4 Mit dem Parmesan bestreuen und vermengen. Sofort servieren.

DAS GEWISSE EXTRA!

Garnieren Sie die Gnocchi vor dem Servieren mit frisch gehackter glatter Petersilie.

ÜBERBACKENE GNOCCHI
mit Herbstgemüse

FÜR 4 PERSONEN • VORBEREITEN 15 MIN. • GAREN 25 MIN.

250 g Champignons • 1 rote Zwiebel • Olivenöl • 600 g frische Gnocchi (Kühlregal) • 400 g Kürbis nach Wahl, gewürfelt • 150 g Speckwürfel • 50 g geriebener Parmesan • 100 g geriebener Tomme-Käse • getrockneter Rosmarin • 1 EL Kürbis- oder Sonnenblumenkerne

1 Den Backofen auf 180 °C (Umluft) vorheizen. Die Champignons abwischen und in Scheiben schneiden. Die Zwiebel abziehen, halbieren und quer in Ringe schneiden.

2 Etwas Olivenöl in eine Auflaufform träufeln. Gnocchi, Kürbis, Champignons, Zwiebel und Speck hineingeben und sorgfältig vermengen.

3 Im vorgeheizten Ofen 15 Minuten garen.

4 Die Zutaten mischen. Mit dem Käse und Rosmarin bestreuen und weitere 10 Minuten garen, bis der Käse geschmolzen ist.

DAS GEWISSE EXTRA!

Garnieren Sie die Gnocchi vor dem Servieren mit Kürbis- oder Sonnenblumenkernen.

GNOCCHI
nach italienischer Art

FÜR 4 PERSONEN • VORBEREITEN 5 MIN. • GAREN 23 MIN.

Olivenöl • 600 g frische Gnocchi (Kühlregal) • 250 g Cocktailtomaten • 1 Glas grünes Basilikum-Pesto (200 g) • 4 Scheiben Parmaschinken • 1 TL getrockneter Oregano • 1 Burrata • frische Basilikumblätter

1. Den Backofen auf 180 °C (Umluft) vorheizen.
2. Etwas Olivenöl in eine Auflaufform träufeln. Gnocchi, gewaschene Cocktailtomaten und Pesto hineingeben und sorgfältig vermengen.
3. Im vorgeheizten Ofen 20 Minuten garen. In der Zwischenzeit den Parmaschinken in Streifen schneiden.
4. Die Form aus dem Ofen nehmen. Die Cocktailtomaten mit einer Gabel andrücken. Die Schinkenstreifen unterheben. Mit Oregano bestreuen. Weitere 3 Minuten im Ofen garen. Sofort servieren.

DAS GEWISSE EXTRA!

Setzen Sie vor dem Servieren die Burrata in die Mitte der Form, zupfen sie mit einer Gabel auseinander und bestreuen Sie sie mit gehacktem Basilikum.

GNOCCHI
mit Hackfleischbällchen

FÜR 4 PERSONEN • VORBEREITEN 10 MIN. • GAREN 25 MIN.

150 g Cocktailtomaten • Olivenöl • 500 g frische Gnocchi (Kühlregal) • 150 g TK-Bohnen, aufgetaut und geschnitten • 100 g Barbecuesauce • 40 g Ahornsirup • 1 EL Senf • 300 g Hackfleischbällchen (Fertigprodukt) • 30 g Pekan- oder Walnusskerne

1 Den Backofen auf 180 °C (Umluft) vorheizen. Die Tomaten waschen und halbieren.

2 Etwas Olivenöl in eine Auflaufform träufeln. Gnocchi, Tomaten und Bohnen hineingeben und sorgfältig vermengen.

3 Barbecuesauce, Ahornsirup und Senf in einer Schüssel glatt verrühren. Die Hackfleischbällchen darin wenden, dann in die Auflaufform geben und mit der restlichen Sauce überziehen.

4 Im vorgeheizten Ofen 25 Minuten garen. Sofort servieren.

DAS GEWISSE EXTRA!

Garnieren Sie das Gericht vor dem Servieren mit grob gehackten Pekan- oder Walnusskernen.

GNOCCHI
mit Frikadellen nach griechischer Art

FÜR 4 PERSONEN • VORBEREITEN 30 MIN. • GAREN 25 MIN.

1 Bio-Zitrone • 1 Schalotte • 2 Knoblauchzehen • 600 g Hähnchenbrustfilet • Salz und Pfeffer • 1 Ei • 3 EL Semmelbrösel • Olivenöl • 200 g Feta • 500 g frische Gnocchi (Kühlregal) • 2 Rispen Cocktailtomaten • 150 g Naturjoghurt • frisch gehackter Dill • 50 g entsteinte grüne Oliven

1 Den Backofen auf 180 °C (Umluft) vorheizen. Die Schale der Zitrone fein abreiben und den Saft auspressen.

2 Die Schalotte und den Knoblauch abziehen. Für die Fleischbällchen das Hähnchenbrustfilet mit Schalotte und Knoblauchzehen durch den Fleischwolf drehen oder mit einem scharfen Messer sehr fein hacken. Salzen, pfeffern und gut vermischen. Ei und Semmelbrösel zufügen und vermengen, bis sich die Masse bindet. Mit befeuchteten Händen 16 Fleischbällchen formen.

3 Etwas Olivenöl in eine Auflaufform träufeln. Den ganzen Fetakäse in die Mitte legen. Gnocchi, gewaschene Cocktailtomaten und Fleischbällchen rundum verteilen. Alles mit Olivenöl beträufeln und mit Salz und Pfeffer würzen. Im vorgeheizten Ofen 25 Minuten garen.

4 In der Zwischenzeit den Joghurt mit Zitronensaft und -abrieb verrühren. Den Dill nach Geschmack unterrühren. Mit Salz und Pfeffer abschmecken. Die Oliven in Ringe schneiden.

5 Die Gnocchi aus dem Ofen nehmen. Die Tomaten mit einer Gabel andrücken und alles mit dem schmelzenden Feta vermengen. Mit den Olivenringen garnieren und mit dem Dill-Joghurt servieren.

GNOCCHI
mit Brokkoli & Feta

FÜR 4 PERSONEN • VORBEREITEN 10 MIN. • GAREN 20 MIN.

300 g TK-Brokkoli • Olivenöl • 600 g frische Gnocchi (Kühlregal) • 250 g Cocktailtomaten • Salz und Pfeffer • 200 g Feta • 1 frischer Rosmarinzweig

1 Den Backofen auf 180 °C (Umluft) vorheizen. Den Brokkoli zum Antauen kurz unter heißes Wasser halten und bei Bedarf in mundgerechte Stücke schneiden.

2 Etwas Olivenöl in eine Auflaufform träufeln. Gnocchi, gewaschene Cocktailtomaten und Brokkoli hineingeben. Salzen und pfeffern. Die Zutaten sorgfältig vermengen und etwas zur Seite schieben. Den ganzen Feta in die Mitte legen. Mit Olivenöl beträufeln, mit Pfeffer würzen und den Rosmarinzweig darauflegen.

3 Im vorgeheizten Ofen 20 Minuten garen.

4 Die Form aus dem Ofen nehmen. Die Tomaten mit einer Gabel andrücken und die Zutaten mit dem schmelzenden Feta vermengen. Den Rosmarinzweig entfernen. Sofort servieren.

GNOCCHI
mit Tomaten & Spinat

FÜR 4 PERSONEN • VORBEREITEN 5 MIN. • GAREN 23 MIN.

Olivenöl • 600 g frische Gnocchi (Kühlregal) • 250 g Cocktailtomaten • Salz und Pfeffer • 150 g Mozzarella-Bällchen • 2 Handvoll Babyspinat • 1 TL getrockneter Oregano • 2 EL Pinienkerne

1 Den Backofen auf 180 °C (Umluft) vorheizen.

2 Etwas Olivenöl in eine Auflaufform träufeln. Gnocchi und gewaschene Cocktailtomaten hineingeben. Salzen und pfeffern. Die Zutaten sorgfältig vermengen.

3 Im vorgeheizten Ofen 20 Minuten garen.

4 Die Form aus dem Ofen nehmen. Die Tomaten mit einer Gabel andrücken. Mozzarella und gewaschenen Spinat untermischen, alles mit Oregano bestreuen und weitere 3 Minuten im Ofen garen.

DAS GEWISSE EXTRA!

Für einen nussigen Biss garnieren Sie das Gericht vor dem Servieren mit leicht gerösteten Pinienkernen.

GNOCCHI PRIMAVERA

FÜR 4 PERSONEN • VORBEREITEN 10 MIN. • GAREN 20 MIN.

1 Bund grüner Spargel • 12 Babymaiskolben aus dem Glas • Olivenöl • 600 g frische Gnocchi (Kühlregal) • 200 g Cocktailtomaten • Salz und Pfeffer • 100 g geriebener Parmesan

1. Den Backofen auf 180 °C (Umluft) vorheizen. Die Spargelstangen waschen, putzen und in je drei Stücke schneiden. Die Maiskolben abspülen.

2. Etwas Olivenöl in eine Auflaufform träufeln. Gnocchi, gewaschene Cocktailtomaten, Spargel und Maiskolben hineingeben. Salzen und pfeffern. Die Zutaten sorgfältig vermengen und mit dem Parmesan bestreuen.

3. Im vorgeheizten Ofen 20 Minuten garen.

4. Die Form aus dem Ofen nehmen. Die Tomaten mit einer Gabel andrücken und vor dem Servieren die Zutaten noch einmal vermengen.

WEIZEN
mit Sommergemüse

FÜR 4 PERSONEN • VORBEREITEN 15 MIN. • GAREN 35 MIN.

1 Zucchini • 1 Aubergine • 1 rote Paprikaschote • 100 g Cocktailtomaten • 1 Zwiebel • Olivenöl • 250 g vorgekochte Weizenkörner • 1 TL getrockneter Oregano • 2 Gemüsebrühwürfel • Salz und Pfeffer • 700 ml kochendes Wasser • 2 Mozzarellakugeln • 12 schwarze Oliven

1 Den Backofen auf 180 °C (Umluft) vorheizen. Zucchini und Aubergine waschen und je in etwa 1 cm große Würfel schneiden. Die Paprika waschen, entkernen und in kleine Würfel schneiden. Die Cocktailtomaten waschen und halbieren. Die Zwiebel abziehen und fein hacken.

2 Etwas Olivenöl in eine Auflaufform träufeln. Weizenkörner, Gemüse, Zwiebel und Oregano hineingeben. Die Brühwürfel darüberkrümeln, leicht salzen und pfeffern und die Zutaten sorgfältig vermengen. Das Wasser zugießen und noch einmal mischen.

3 Im vorgeheizten Ofen 25 Minuten garen. In der Zwischenzeit den Mozzarella in Scheiben schneiden.

4 Die Mozzarellascheiben auf dem Weizen verteilen. Weitere 10 Minuten im Ofen garen, bis der Käse geschmolzen ist.

DAS GEWISSE EXTRA!

Garnieren Sie das Gericht vor dem Servieren mit ganzen oder in Ringe geschnittenen schwarzen Oliven.

WEIZEN
mit Herbstgemüse

FÜR 4 PERSONEN • VORBEREITEN 15 MIN. • GAREN 35 MIN.

2 Pastinaken • 1 rote Zwiebel • Olivenöl • 250 g vorgekochte Weizenkörner • 350 g Kürbis nach Wahl, gewürfelt • 1 TL Currypulver • 2 Gemüsebrühwürfel • Salz und Pfeffer • 700 ml kochendes Wasser • 200 g Ziegenweichkäse (1 Rolle) • 1 EL Kürbiskerne

1 Den Backofen auf 180 °C (Umluft) vorheizen. Die Pastinaken schälen und in etwa 1 cm große Würfel schneiden. Die Zwiebel abziehen und fein hacken.

2 Etwas Olivenöl in eine Auflaufform träufeln. Weizenkörner, Gemüse, Zwiebel und Currypulver hineingeben. Die Brühwürfel darüberkrümeln, leicht salzen und pfeffern und die Zutaten sorgfältig vermengen. Das Wasser zugießen und erneut mischen.

3 Im vorgeheizten Ofen 25 Minuten garen. In der Zwischenzeit die Ziegenkäserolle in Scheiben schneiden.

4 Die Käsescheiben auf dem Weizen verteilen. Weitere 10 Minuten im Ofen garen, bis der Käse geschmolzen ist.

DAS GEWISSE EXTRA!

Garnieren Sie das Gericht vor dem Servieren mit Kürbiskernen.

RAVIOLI-AUFLAUF
mit Spinat

FÜR 4 PERSONEN • VORBEREITEN 10 MIN. • GAREN 25 MIN.

500 g TK-Blattspinat • 250 g Ricotta • Salz und Pfeffer • Butter • 2 Packungen frische kleine Ravioli mit Käsefüllung (Kühlregal) • 150 g Sahne • 50 g geriebener Emmentaler • eventuell Räucherlachsscheiben (ca. 200 g)

1 Den Spinat auftauen lassen. Ausdrücken und mit dem Ricotta vermengen. Salzen und pfeffern. Den Backofen auf 180 °C (Umluft) vorheizen.

2 Eine Auflaufform mit Butter einfetten. Die Hälfte der Ravioli hineinlegen. Die Spinatmischung darauf verteilen. Mit einer zweiten Lage Ravioli bedecken. Alles mit der Sahne überziehen und dem Käse bestreuen.

3 Im vorgeheizten Ofen 25 Minuten garen. Sofort servieren.

DAS GEWISSE EXTRA!

Sie können auch Räucherlachs mit in die Auflaufform schichten. Dieser passt gut zu Spinat und Ricotta.

RAVIOLI
mit Zucchini & Kräutern

FÜR 4 PERSONEN • VORBEREITEN 10 MIN. • GAREN 20 MIN.

2 Zucchini • Olivenöl • 400 g frische Ricotta-Ravioli (Kühlregal) • 200 ml passierte Tomaten • 100 ml Wasser • Salz und Pfeffer • 150 g Kräuter-Frischkäse • frischer Schnittlauch

1 Den Backofen auf 180 °C (Umluft) vorheizen. Die Zucchini waschen, längs halbieren und dann in Scheiben schneiden.

2 Etwas Olivenöl in eine Auflaufform träufeln. Ravioli, Zucchini, passierte Tomaten und Wasser hineingeben. Salzen, pfeffern und alles sorgfältig vermengen. Die Zutaten in der Form etwas zur Seite schieben und den Frischkäse in die Mitte legen.

3 Im vorgeheizten Ofen 20 Minuten garen. Vermengen und sofort servieren.

DAS GEWISSE EXTRA!

Garnieren Sie das Gericht mit frischen Schnittlauchröllchen.

ÜBERBACKENE BUCHWEIZENNUDELN

FÜR 4 PERSONEN • VORBEREITEN 10 MIN. • GAREN 40 MIN. • RUHEN 5 MIN.

1 Zwiebel • Butter zum Einfetten • 400 g kurze Buchweizennudeln • 25 g Weizenmehl • Pfeffer • 1 Gemüsebrühwürfel • 100 ml trockener Weißwein • 400 ml Milch • 300 ml Wasser • 200 g Speckwürfel • 450 g Reblochon oder Raclette-Käse • frischer Schnittlauch

1 Den Backofen auf 190 °C (Umluft) vorheizen. Die Zwiebel abziehen und fein hacken.

2 Eine Auflaufform mit Butter einfetten. Nudeln und Zwiebel hineingeben und vermengen. Mit dem Weizenmehl bestäuben, mit Pfeffer würzen und erneut vermengen. Den Brühwürfel darüberkrümeln. Wein, Milch und Wasser zugießen. Die Zutaten sorgfältig vermengen. Die Speckwürfel darauf verteilen.

3 Mit Alufolie abdecken und 20 Minuten garen. In der Zwischenzeit den Reblochon oder Raclette-Käse halbieren. Eine Hälfte in kleine Würfel, die andere in Scheiben schneiden.

4 Die Alufolie entfernen und den gewürfelten Käse sorgfältig untermischen. Die Käsescheiben darauf verteilen. Ohne Abdeckung weitere 20 Minuten garen. Vor dem Servieren 5 Minuten ruhen lassen.

DAS GEWISSE EXTRA!

Garnieren Sie das Gericht vor dem Servieren mit frischen Schnittlauchröllchen.

BUCHWEIZEN-NUDELN

mit Lauch & Ziegenkäse

FÜR 4 PERSONEN • VORBEREITEN 15 MIN. • GAREN 40 MIN. • RUHEN 5 MIN.

1 Zwiebel • 3 Stangen Lauch • Butter zum Einfetten • 400 g Buchweizennudeln • 25 g Weizenmehl • 1 Gemüsebrühwürfel • 200 g Sahne • 200 ml Milch • 300 ml Wasser • 200 g Ziegenweichkäse (1 Rolle) • Pfeffer • grob gehackte Haselnusskerne oder Mandeln

1 Den Backofen auf 190 °C (Umluft) vorheizen. Die Zwiebel abziehen und fein hacken. Den Lauch waschen, putzen und in Ringe schneiden.

2 Eine Auflaufform mit Butter einfetten. Nudeln, Lauch und Zwiebel hineingeben. Alles mit dem Weizenmehl bestäuben und sorgfältig vermengen. Den Brühwürfel darüberkrümeln. Sahne, Milch und Wasser zugießen und erneut vermengen.

3 Mit Alufolie abdecken und im vorgeheizten Ofen 20 Minuten garen. In der Zwischenzeit den Ziegenkäse in Scheiben schneiden.

4 Die Alufolie entfernen. Die gegarten Zutaten vermengen und die Käsescheiben darauf verteilen. Mit Pfeffer würzen. Ohne Abdeckung weitere 20 Minuten garen. Vor dem Servieren 5 Minuten ruhen lassen.

DAS GEWISSE EXTRA!

Garnieren Sie das Gericht vor dem Servieren mit gehackten Haselnüssen oder Mandeln.

TORTELLINI
mit Hähnchen & Rosenkohl

FÜR 4 PERSONEN • VORBEREITEN 10 MIN. • GAREN 35 MIN.

2 Knoblauchzehen • 400 g Hähnchenbrustfilet • Olivenöl • 350 g frische Käse-Tortellini (Kühlregal) • 300 g vorgegarter oder TK-Rosenkohl • 1 Hühnerbrühwürfel • 250 ml Wasser • 200 g Sahne • Pfeffer • 100 g geriebener Mozzarella • 50 g geriebener Parmesan

1 Den Backofen auf 180 °C (Umluft) vorheizen. Die Knoblauchzehen abziehen und halbieren. Das Hähnchenfleisch in etwa 3 cm große Würfel schneiden.

2 Etwas Olivenöl in eine Auflaufform träufeln. Tortellini, Rosenkohl und Hähnchenwürfel hineingeben. Den Knoblauch darüberpressen und den Brühwürfel darüberkrümeln. Wasser und Sahne zugießen und mit Pfeffer würzen. Die Zutaten sorgfältig vermengen.

3 Mit Alufolie abdecken und im vorgeheizten Ofen 25 Minuten garen.

4 Die Alufolie entfernen. Die Tortellini mit beiden Käsesorten bestreuen und ohne Abdeckung weitere 10 Minuten im Ofen garen, bis der Käse geschmolzen ist.

TORTELLINI
mit Gemüse

FÜR 4 PERSONEN • VORBEREITEN 5 MIN. • GAREN 35 MIN.

Olivenöl • 450 g frische Tortellini nach Wahl (Kühlregal) • 300 g vorgegartes oder TK-Gemüse (Zucchini, Karotte, Sellerie) • 400 g geschälte Tomaten, zerdrückt (1 Dose) • 100 ml Wasser • Salz und Pfeffer • 1 frischer Rosmarinzweig • 100 g geriebener Mozzarella

1 Den Backofen auf 180 °C (Umluft) vorheizen.

2 Etwas Olivenöl in eine Auflaufform träufeln. Tortellini, Gemüse, Tomaten und Wasser hineingeben und sorgfältig vermengen. Salzen und pfeffern.

3 Mit Alufolie abdecken und im vorgeheizten Ofen 25 Minuten garen. In der Zwischenzeit die Rosmarinnadeln vom Zweig abzupfen.

4 Die Alufolie entfernen. Rosmarin und Mozzarella auf den Tortellini verteilen. Ohne Abdeckung weitere 10 Minuten garen, bis der Käse geschmolzen ist.

ALPHABETISCHES REZEPTVERZEICHNIS

REGISTER NACH EINZELZUTATEN

ISBN 978-3-8094-4954-6
1. Auflage

Text: Sandra Thomann
Fotos: Fabrice Besse
Foodstylist: Coralie Ferreira

Für die französische Originalausgabe:
Direction de la publication : Isabelle Jeuge-Maynart et Ghislaine Stora
Direction éditoriale : Émilie Franc et Julie Martin
Direction artistique : Géraldine Lamy
Édition : Evanne Darchy, assistée d'Émilie Grasso
Préparation de copie et relecture : Emmanuelle Fernandez
Conception graphique et mise en page : Irène Sellier
Fabrication : Marina Dartigues-Plum

Für die deutsche Ausgabe:
Umschlaggestaltung: Atelier Versen, Bad Aibling
Übersetzung: Antje Seidel, trans texas publishing services GmbH, Köln
Satz: Satzwerk Huber, Germering
Herstellung: Franziska Polenz
Projektleitung: Lea Schmid

Druck und Bindung: Alföldi Nyomda Zrt., Debrecen
Printed in Hungary

Penguin Random House Verlagsgruppe FSC® N001967